Liebe Leserin, lieber Leser!

Jedes Jahr im Frühling fasse ich bei meinen ersten Streifzügen in die umliegenden Gärtnereien aufs Neue den Vorsatz, mich beim Kauf von Topfpflanzen in Bescheidenheit zu üben. Und immer vergebens! In meinem Garten gibt es kaum einen Quadratzentimeter Boden, der nicht bepflanzt ist.

Der Einkaufswagen füllte sich auch in diesem Jahr wieder wie von Geisterhand und so war ich schließlich gezwungen, „Land zu gewinnen". Balkonkästen und Töpfe mussten her, aber nicht schon wieder aus Terrakotta oder Kunststoff!

So entstand die Idee für die in diesem Buch gezeigten Miniaturgärten, die auch auf dem kleinsten Balkon Platz finden. Ob fröhlich dekoriert mit Gänsefamilie, Hasenpaar oder Schneemannparade – die Blumenkästen aus Holz in diesem Buch sind einfach nachzubauen und bieten jede Menge Platz für Ihre Lieblingspflanzen!

Viel Spaß beim Gestalten und Dekorieren wünscht Ihnen

Susanne Helmold

Inhaltsverzeichnis

Ponal
express
Henkel
Der Holzleim
mit Schnellkraft
aqua
Mattlack
Mattlack
Decormatt
mat
mate
edding 4000
edding 4000

Werkzeuge und Materialien

Die meisten Modelle in diesem Buch können ganz unkompliziert mit haushaltsüblichen Werkzeugen und Dekorationsmaterialien realisiert werden. Sollten Sie keine Dekupier- und Stichsäge besitzen, können Sie auch mit der Laubsäge arbeiten und sich die Bretter für die Kästen im Baumarkt zuschneiden lassen. Für die Oberflächengestaltung habe ich handelsübliche Acrylfarben auf Wasserbasis verwendet, die in jedem Bastelgeschäft erhältlich sind. Alle Werkzeuge und Materialien, die Sie benötigen, werden jeweils bei den Anleitungen zu den einzelnen Blumenkästen aufgeführt.

Werkzeug-Grundausstattung

- *Laub- oder Dekupiersäge*
- *Kappsäge oder Fuchsschwanz mit Gehrungslade*
- *Schleifklotz*
- *Bohrmaschine oder Akkuschrauber*
- *Radiozange*
- *Heißklebepistole*
- *Schere*
- *Drahtzange*
- *Messwinkel*
- *Schraubzwingen*
- *Holzbohrer*
- *Zylinderbohrer*

Sperrholz: Alle in diesem Buch gezeigten Modelle sind aus wasserfest verleimtem Sperrholz gefertigt. Durch eine zusätzlich eingeleimte Folie ist dieses Holz unempfindlicher gegen Witterungseinflüsse. Sperrholz ist im Baumarkt in verschiedenen Stärken und Holzarten sowie wasserfest verleimt erhältlich.

Rundstäbe: Im Baumarkt erhalten Sie sowohl Rundstäbe aus Hart- (Buche) als auch aus Weichholz (Kiefer und Fichte). Für Holzarbeiten, die im Außenbereich Verwendung finden, ist die Verwendung von Rundstäben aus Buche zu empfehlen, da dieses Holz besonders witterungsbeständig ist.

Laubsäge: Die Laubsäge besitzt ein dünnes, austauschbares Sägeblatt, das in den Bügelrahmen eingespannt und über zwei Flügelmuttern fixiert wird. Mit dieser Säge lassen sich dünne Bretter sehr gut sägen; auch runde Formen können unkompliziert ausgesägt werden. Die Laubsäge hat noch zwei weitere Vorteile: Wenn Sie mit ihr arbeiten, sind Sie nicht auf eine Stromquelle angewiesen. Außerdem ist sie ausgesprochen kostengünstig.

Dekupiersäge: Diese Säge wird elektrisch betrieben und eignet sich besonders gut, um kurvenreiche oder auch sehr kleine Motive auszusägen. Je nach Ausstattung und Leistung der Dekupiersäge lässt sich Massivholz oder Schichtholz bis zu einer Stärke von 4 cm damit sägen. Die Holzplatte sollte beim Sägen mit der Dekupiersäge immer mit beiden Händen unter leichtem Druck auf den Sägetisch gedrückt werden, um ein Ausschlagen zu verhindern. Je nach Holzart sollten die vom Hersteller empfohlenen Sägeblätter verwendet werden.

Elektrische Stichsäge: Mit dieser handgeführten Elektrosäge lassen sich aus jedem beliebigen Stück Holz einfache Formen aussägen. Die hierfür erforderlichen Sägeblätter sind in vielen Größen und Stärken erhältlich. Treffen Sie die Auswahl des Sägeblattes auch in Abhängigkeit von der Holzstärke und -qualität! Bei einer Stichsäge erfolgt der Schnitt jeweils bei der Aufwärtsbewegung, so dass der Schnitt auf der Unterseite immer glatter ist als auf der Oberseite.

Fuchsschwanz mit Gehrungslade und Kappsäge: Der Zuschnitt von Leisten und Holzrundstäben kann mit einem Fuchsschwanz und einer Gehrungslade vorgenommen werden. Gehrungsladen sind in Kunststoff, Metall oder Holz im Baumarkt erhältlich. Die Sägeschlitze für die Führung der Säge sind in einem 0°- oder einem links- und rechtsgerichteten 45°-Winkel angelegt. Die Leiste wird an die Gehrungslade angelegt und mit einer Hand festgehalten. Anschließend wird das Holz im gewünschten Winkel zugesägt. Wenn Sie öfter mit dem Werkstoff Holz arbeiten, lohnt sich die Anschaffung einer elektrischen Kappsäge.

Farben, Lacke und Pinsel: Alle Modelle in diesem Buch sind mit handelsüblichen Acrylfarben dekoriert. Diese Farben werden auf Wasserbasis hergestellt und sind für die meisten Oberflächen geeignet. Acrylfarben sind in den Glanzgraden matt und hochglänzend erhältlich. Ein weiterer Vorteil bei der Verwendung von Acrylfarben besteht darin, dass die Pinsel einfach unter fließendem Wasser gereinigt werden können, solange die Farbe noch nicht angetrocknet ist. Um feine Konturen wie Augen, Fellstruktur oder auch Beschriftungen zu gestalten, eignen sich Lackstifte besonders gut. Die Oberfläche der Kästen muss mindestens zweimal mit einem wetterfesten, transparenten Mattlack versiegelt werden. Ich empfehle, diese Versiegelung einmal im Jahr zu wiederholen. Im Winter sollten Sie die Kästen auf jeden Fall reinigen und an einem trockenen Ort aufbewahren. Vermeiden Sie das Arbeiten mit billigen Pinseln! Meist verlieren diese nach wenigen Anwendungen bereits ihre Haare. Ideal zum Lackieren von größeren Flächen sind breite Lasurpinsel. Für kleine Flächen eignen sich Haarpinsel in verschiedenen Größen.

Holzverbindungen: Um Holzflächen miteinander zu verbinden, gibt es verschiedene Möglichkeiten. Dort, wo Holzverbindungen einer stärkeren Beanspruchung ausgesetzt sind, sollten Holzdübel oder Lamellos verarbeitet werden. Bei den Modellen in diesem Buch genügen Holzschrauben oder auch Nägel. Wenn möglich, sollten die Holzteile bis zum Abbinden des Holzleims zusätzlich mit einer Schraubzwinge zusammengepresst werden. Das erhöht die Festigkeit.
Für Holzverbindungen, die keiner Druckbelastung ausgesetzt sind, eignen sich Nägel oder Schrauben. Bohren Sie immer ein Loch vor, wenn Sie zwei Holzstücke mit Schrauben verbinden möchten. Bohren Sie mit einem Holzbohrer (2–4 mm) ein Führungsloch, das ein wenig kleiner ist als der Durchmesser der Schraube. So vermeiden Sie beim Eindrehen, dass sich das Holz spaltet. Einige Tropfen Holzleim können auch hier die Festigkeit der Verbindung erhöhen.

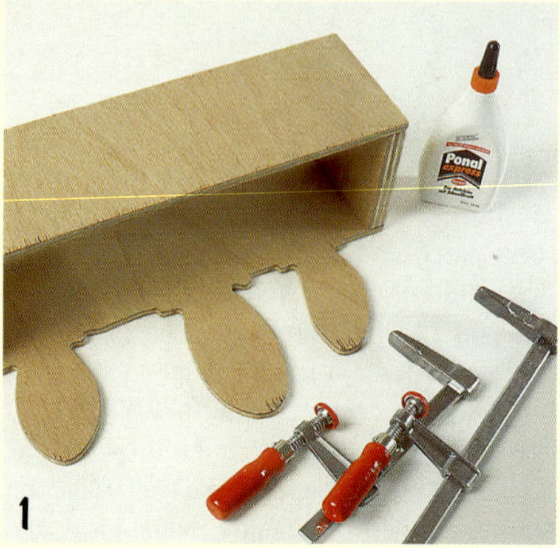

1

2

3

Grundkurs Blumenkästen herstellen

1. Übertragen Sie die Vorlagen auf das Holz und sägen Sie alle Teile aus. Achten Sie darauf, dass Sie auch sämtliche Bohr- und Positionsmarkierungen auf das Holz übertragen. Anschließend kleben Sie die zugesägten Holzteile für den Kasten mit Holzleim zusammen und pressen sie jeweils mit Schraubzwingen aufeinander. Beachten Sie die Trocknungszeiten Ihres Holzleims!

2. Um eine größere Festigkeit zu erzielen, fixieren Sie die zusammengeleimten Teile nach dem Abbinden zusätzlich mit Drahtstiften oder kleinen Holzschrauben. Verwenden Sie mindestens drei Drahtstifte oder Holzschrauben für jede Seitenkante, damit Ihr Blumenkasten nicht „aus dem Leim" geht.

3. Bei dem hier gezeigten Kasten „Piepmätze" sägen Sie den Flügel viermal separat aus. Leimen Sie die Flügel von hinten auf die Körper der beiden äußeren Vögel auf und fixieren Sie sie zusätzlich, wie bei Schritt 2 bereits erläutert, mit kleinen Drahtstiften.

4. Anschließend grundieren Sie den Kasten. Die Vögel bemalen Sie gemäß Foto mit der Bastelfarbe. Um größere Flächen zu bemalen, eignet sich ein breiter Lasurpinsel. Für kleinere Flächen bietet sich ein einfacher Haarpinsel an, der jedoch von guter Qualität sein sollte, damit gewährleistet ist, dass er keine Haare verliert und der Farbauftrag gleichmäßig wird.

5. Die feinen Konturen der Augen und des Schnabels malen Sie mit Lackstift auf. Um die Beschriftung auszuführen, verwenden Sie eine Schablone, die Sie jeweils mit etwas Klebeband befestigen. Mischen Sie ein helles Grün und stupfen Sie die Farbe mit einem kleinen Schwamm auf.

6. Versiegeln Sie den Kasten an einem gut belüfteten Ort zweimal mit wetterfestem, transparentem Mattlack. Mit etwas Silberdraht binden Sie kleine Büschel aus Bast für den Haarputz zusammen, die Sie mit Heißkleber an den Köpfen befestigen. Zum Schluss legen Sie den Kasten innen mit Teichfolie aus, die Sie mit einem Tacker befestigen.

Achtung: Alle Modelle auf den Vorlagenbögen in diesem Buch sind um 20 % verkleinert. Vergrößern Sie deshalb alle Vorlagen um 25 %, bevor Sie sie auf das Holz übertragen.

Tipps:

- *Um die Konturen der Vorlagen auf das gewünschte Grundmaterial zu übertragen, bietet sich die Verwendung von Kohlepapier an: Legen Sie das Kohlepapier unter die Vorlage und befestigen Sie die Ecken jeweils mit etwas Kreppband, so dass nichts verrutschen kann. Fahren Sie die Umrisse mit einem weichen Bleistift nach.*

- *Wenn Sie ein Modell mehr als einmal nacharbeiten möchten, lohnt sich die Herstellung einer Pappschablone. Übertragen Sie die Konturen mit Kohlepapier auf festen Fotokarton und schneiden Sie sie mit einem Bastelmesser aus.*

Meister Lampe und Gemahlin

1. Übertragen Sie alle Vorlagen sowie die Bohrmarkierungen auf das Sperrholz und sägen Sie alle Teile mit einer Laub- oder Dekupiersäge aus. Glätten Sie die sägerauen Kanten mit Schleifpapier oder einer feinen Rundfeile.

2. Bohren Sie an den Bohrmarkierungen mit einem 3 mm starken Holzbohrer. Verleimen Sie die Teile mit Holzleim, pressen Sie sie mit Schraubzwingen aufeinander und lassen Sie den Leim trocknen. Fixieren Sie anschließend die Seitenwände zusätzlich mit Holzschrauben oder Drahtstiften.

3. Bemalen Sie den Kasten sowie Arme und Beine gemäß Foto oder nach Belieben. Lassen Sie die Farbe gut trocknen. Feine Konturen wie Mund, Augen und Nase werden mit Lackstift aufgezeichnet. Um die Beschriftung auszuführen, verwenden Sie eine Buchstabenschablone.

4. Um den Kasten witterungsbeständig zu machen, versiegeln Sie alle Oberflächen mindestens zweimal mit wetterfestem, transparentem Mattlack.

5. Mit einem Seitenschneider knipsen Sie 10 cm lange Stücke vom Blumenbindedraht ab und befestigen Beine und Arme damit am Kasten. Verknoten Sie die Drahtenden auf der Rückseite und knipsen Sie den Überstand mit dem Seitenschneider ab. Die Mini-Strohschuhe befestigen Sie mit Heißkleber an den Füßen.

6. Schneiden Sie aus Stoffresten zwei schmale Streifen und binden Sie diese um den Hals bzw. um die Ohren der Hasen. Das Innere des Kastens kleiden Sie mit Teichfolie aus, die Sie mit einem Tacker befestigen. Wenn Sie Übertöpfe ohne Loch in den Kasten hineinstellen, können Sie auf das Auskleiden mit Folie verzichten.

Material

- *Wasserfest verleimtes Sperrholz, 10 mm stark*
- *Marabu-Decormatt Bastelfarbe in Weiß, Antikblau, Taubenblau, Türkisblau dkl., Rotwein*
- *Marabu-Mattlack*
- *Lackstift in Schwarz, Pinsel*
- *Weicher Bleistift, Kohlepapier*
- *Kreppband*
- *Schleifpapier*
- *Stoffreste in Rot- und Blauweiß gestreift*
- *Holzleim*
- *Holzschrauben oder Drahtstifte*
- *Buchstabenschablone*
- *Teichfolie*
- *Blumenbindedraht*
- *Mini-Strohschuhe*

- *Tacker*
- *Heißklebepistole*
- *Laub- oder Dekupiersäge*
- *Rundfeile*
- *Schraubzwingen*
- *Seitenschneider*
- *Bohrmaschine*
- *Holzbohrer, Ø 3 mm*

Zuschnitt Kasten:
- *Seitenteile: 11 x 12 cm (2x)*
- *Vorderteil: 40 x 14,5 cm*
- *Rückenteil: 40 x 39,5 cm*
- *Boden: 38 x 12 cm*

Vorlage 1, Bogen A

Himmelsboten

1. Übertragen Sie alle Vorlagen sowie die Bohrmarkierungen auf das Sperrholz und sägen Sie alle Teile mit einer Laub- oder Dekupiersäge aus. Die Flügel sägen Sie aus 4 mm starkem Sperrholz je zweimal aus. Glätten Sie alle sägerauen Kanten mit Schleifpapier oder einer feinen Rundfeile.

2. Bohren Sie an den Bohrmarkierungen mit einem 3 mm starken Holzbohrer. Verleimen Sie alle Teile mit Holzleim, pressen Sie sie mit Schraubzwingen zusammen und lassen Sie den Leim trocknen. Fixieren Sie anschließend die Seitenwände zusätzlich mit Holzschrauben oder Drahtstiften.

3. Bemalen Sie den Kasten sowie Arme, Beine und Flügel gemäß Foto oder nach Belieben. Feine Konturen wie Mund, Augen und Nase werden mit Lackstift aufgezeichnet. Das Wangenrot stupfen Sie vorsichtig mit einem rund geschnittenen, feinporigen Schwämmchen auf. Um die Beschriftung auszuführen, verwenden Sie eine Buchstabenschablone.

4. Versiegeln Sie alle Oberflächen sowie die Innenseiten mindestens zweimal mit wetterfestem, transparentem Mattlack.

5. Mit einem Seitenschneider knipsen Sie 10 cm lange Stücke vom Blumenbindedraht ab und befestigen Beine und Arme damit am Kasten. Verknoten Sie die Drahtenden auf der Rückseite und knipsen Sie den Überstand mit dem Seitenschneider ab. Die Flügel befestigen Sie mit Holzleim sowie einigen Drahtstiften an der Rückseite. Die Strohhüte werden mit etwas Heißkleber an den Köpfen festgeklebt.

6. Das Innere des Kastens kleiden Sie mit Teichfolie aus, die Sie mit einem Tacker befestigen. Wenn Sie Übertöpfe ohne Loch in den Kasten hineinstellen, können Sie auf das Auskleiden mit Folie verzichten.

Material

- *Wasserfest verleimtes Sperrholz, 10 mm stark*
- *Wasserfest verleimtes Sperrholz, 4 mm stark*
- *Marabu-Decormatt Bastelfarbe in Weiß, Hautfarbe, Zartrosa, Altrosa, Flieder, Arktis*
- *Marabu-Mattlack*
- *Lackstift in Schwarz, Pinsel*
- *Weicher Bleistift*
- *Kohlepapier*
- *Kreppband*
- *Rund geschnittener, feinporiger Schwamm*
- *Schleifpapier*
- *Holzleim*
- *Holzschrauben oder Drahtstifte*
- *Buchstabenschablone*
- *Teichfolie*
- *Tacker*
- *Blumenbindedraht*
- *2 Mini-Strohhüte*

- *Laub- oder Dekupiersäge*
- *Rundfeile*
- *Schraubzwingen*
- *Seitenschneider*
- *Heißklebepistole*
- *Bohrmaschine*
- *Holzbohrer, Ø 3 mm*

Zuschnitt Kasten:

- *Seitenteile: 11 x 12 cm (2x)*
- *Vorderteil: 40 x 16 cm*
- *Rückenteil: 40 x 33 cm*
- *Boden: 38 x 12 cm*

Vorlage 2, Bogen B

Im Gänsemarsch

1. Sägen Sie die Bretter für den Boden sowie die Rückwand aus wasserfest verleimtem Sperrholz aus oder lassen Sie sie im Baumarkt zusägen. Glätten Sie alle sägerauen Kanten mit Schleifpapier.

2. Für die Zaunlatten sägen Sie von der Rechteckleiste ca. 23 x 16 cm lange Leisten ab. Die Leisten sägen Sie an einem Ende mit Gehrungslade und Fuchsschwanz oder mit der Dekupiersäge spitzwinklig zu und glätten auch diese sägerauen Kanten.

3. Für die horizontale Verbindung sägen Sie je zwei Leisten von 43 cm, für die Schmalseiten je zwei Leisten von 13 cm Länge gerade zu. Die Zaunlatten leimen Sie mit etwas Holzleim windschief an den langen Leisten an und nageln sie zusätzlich mit kurzen Drahtstiften fest.

4. Sobald der Holzleim getrocknet ist, befestigen Sie beide Seitenteile und das vordere Zaunelement mit Holzleim und Drahtstiften an der äußeren Schnittkante der Grundplatte. Leimen Sie nun die Rückwand ein und fixieren Sie sie ebenfalls mit Drahtstiften von unten an der Grundplatte.

5. Streichen Sie den Kasten mit hellblauer Farbe. Während der Kasten trocknet, übertragen Sie die Vorlage für die Gänse viermal auf 4 mm starkes Sperrholz und sägen sie mit der Laub- oder Dekupiersäge aus. Glätten Sie die sägerauen Kanten.

6. Bemalen Sie nun die Gänse und leimen Sie sie nach dem Trocknen der Farbe auf die horizontalen Zaunleisten. Dann versiegeln Sie den Blumenkasten an einem gut belüfteten Ort mindestens zweimal mit wetterfestem, transparentem Mattlack.

7. Binden Sie jeder Gans ein Stück Dekoband um den Hals und setzen Sie die Blumen in geschlossenen Übertöpfen in den Kasten. Um die Töpfe zu kaschieren, füllen Sie den Kasten mit hellem Dekogras.

Material

- *Wasserfest verleimtes Sperrholz, 10 mm stark*
- *Wasserfest verleimtes Sperrholz, 4 mm stark*
- *Rechteckleiste Fichte, 2 x 0,4 x 200 cm*
- *Marabu-Decormatt Bastelfarbe in Weiß, Zartblau, Mittelgelb, Orange*
- *Marabu-Mattlack*
- *Weicher Bleistift, Pinsel*
- *Kohlepapier*
- *Kreppband*
- *Dekoband in verschiedenen Farben*
- *Dekogras*
- *Schleifpapier*

- *Holzleim*
- *Drahtstifte*
- *Laub- oder Dekupiersäge*
- *Fuchsschwanz*
- *Gehrungslade*

Zuschnitt Kasten:
- *Rückenteil: 40 x 13 cm*
- *Boden: 40 x 13 cm*

Vorlage 3, Bogen A

Verspielte Ornamente

1. Sägen Sie die Bretter für Rückwand, Vorderteil, Seitenteile und Boden aus wasserfest verleimtem Sperrholz mit einer Stichsäge aus oder lassen Sie sich alle Schnittteile im Baumarkt zusägen. Glätten Sie alle sägerauen Kanten mit Schleifpapier.

2. Leimen Sie den Kasten zusammen und pressen Sie die Teile mit Schraubzwingen aneinander. Sobald der Leim ausgehärtet ist, fixieren Sie den Kasten mit kleinen Holzschrauben oder Drahtstiften.

3. Leimen Sie anschließend die Holzornamente mit Holzleim auf und fixieren Sie sie ebenfalls mit Schraubzwingen. Wenn der Leim getrocknet ist, können Sie den Kasten braun grundieren. Lassen Sie ihn gut trocknen.

4. Streichen Sie nun für einen antiken Effekt das Krakelee-Medium gleichmäßig auf die Oberfläche des Kastens und lassen den Lack gut trocknen. Danach für eine feine Rissbildung weiße Farbe mit einem Pinsel dünn auftragen oder mit einem Schwämmchen auftupfen. Der Krakelee-Effekt tritt sofort ein. Wiederum alles gut trocknen lassen.

5. Zum Schluss versiegeln Sie den Kasten zweimal mit wetterfestem Mattlack. Kleiden Sie ihn vor dem Bepflanzen mit Teichfolie aus, die Sie an den Rändern mit einem Tacker befestigen.

Tipps:

Wenn Sie keine fertigen Holzornamente bekommen oder eine preisgünstigere Variante vorziehen, bietet sich die Verwendung von Reliefpaste und einer selbst hergestellten Schablone aus Moosgummi an. Reliefpaste und Moosgummi erhalten Sie im Bastelhandel.

Die Herstellung von Ornamenten mit Hilfe von Reliefpaste ist ganz einfach: Suchen Sie sich eine Malschablone mit einem möglichst großflächigen Ornament aus und übertragen Sie die Konturen mit einem Filzstift auf ein Stück Moosgummi. Schneiden Sie das Ornament entlang der Kontur auf einer schnittfesten Unterlage mit einem Cutter sauber aus.

Für das weitere Vorgehen benötigen Sie nun die Moosgummiplatte als Negativschablone. Legen Sie diese Moosgummischablone auf den Kasten und füllen Sie das Motiv mit Reliefpaste aus. Ziehen Sie die überflüssige Paste mit einem Spachtel gerade ab. Anschließend nehmen Sie die Schablone vorsichtig ab und lassen die Reliefpaste mindestens zwölf Stunden trocknen. Zum Schluss können Sie den Blumenkasten bemalen und mit wetterfestem Mattlack versiegeln.

Material

- *Wasserfest verleimtes Sperrholz, 10 mm stark*
- *Marabu-Decormatt Bastelfarbe in Weiß, Mittelbraun*
- *Marabu-Mattlack*
- *Marabu-Krakelee-Medium*
- *Fertige Holzornamente*
- *Schleifpapier, Pinsel*
- *Holzleim*
- *Teichfolie*
- *Tacker*
- *Stichsäge*
- *Schraubzwingen*

Zuschnitt Kasten:

- *Seitenteile: 11 x 12 cm (2x)*
- *Vorderteil: 40 x 16 cm*
- *Rückenteil: 40 x 16 cm*
- *Boden: 38 x 12 cm*

Verspielte Katzenkinder

1. Übertragen Sie die Vorlage auf das Sperrholz und sägen Sie alle Teile mit einer Laub-, Dekupier- oder Stichsäge aus. Glätten Sie alle sägerauen Kanten mit Schleifpapier oder einer feinen Rundfeile.

2. Verleimen Sie alle Holzteile mit Holzleim, pressen Sie sie mit Schraubzwingen zusammen und lassen Sie den Leim trocknen. Fixieren Sie anschließend die Seitenwände mit Holzschrauben oder Drahtstiften.

3. Bemalen Sie die Katzen sowie den Kasten gemäß Foto oder nach Belieben. Lassen Sie die Farbe gut trocknen. Feine Konturen wie Mund, Augen und Nase werden mit Lackstift aufgezeichnet. Um die Beschriftung auszuführen, verwenden Sie eine Buchstabenschablone.

4. Versiegeln Sie die gesamte Oberfläche mindestens zweimal mit wetterfestem Mattlack. Wenn der Lack getrocknet ist, binden Sie einige Dekobänder als Schal um den Hals der Katzen.

5. Das Innere des Kastens kleiden Sie mit Teichfolie aus, die Sie mit einem Tacker befestigen. Wenn Sie Übertöpfe ohne Loch in den Kasten hineinstellen, können Sie auf das Auskleiden mit Folie verzichten.

Tipp: *Anstelle der gemalten Barthaare können Sie auch Schnurrhaare aus geglühtem Blumenbindedraht an den Katzenköpfen anbringen. Dazu bohren Sie rechts und links der Nase mit einem 2 mm starken Bohrer beliebig viele Löcher. Mit einem Seitenschneider knipsen Sie entsprechend viele ca. 10 cm lange Stücke vom Blumenbindedraht ab. Kleben Sie das Drahtende mit Allzweckkleber oder Heißkleber in die Bohrungen.*

Material

- *Wasserfest verleimtes Sperrholz, 10 mm stark*
- *Marabu-Decormatt Bastelfarbe in Vanille, Mango, Wildrose, Flieder, Arktis, Zartblau, Bayrischblau*
- *Marabu-Mattlack*
- *Lackstifte in Weiß und Schwarz*
- *Weicher Bleistift, Pinsel*
- *Kohlepapier*
- *Kreppband*
- *Schleifpapier*
- *Holzleim*
- *Holzschrauben oder Drahtstifte*

- *Buchstabenschablone*
- *Teichfolie, Tacker*
- *Farblich passende Dekobänder*
- *Laub-, Dekupier- oder Stichsäge*
- *Rundfeile*
- *Schraubzwingen*

Zuschnitt Kasten:

- *Seitenteile: 11 x 12 cm (2x)*
- *Vorderteil: 40 x 12 cm*
- *Rückenteil: 40 x 39 cm*
- *Boden: 38 x 12 cm*

Vorlage 4, Bogen B

Fröhliche Piepmätze

1. Übertragen Sie alle Vorlagen auf das Sperrholz und sägen Sie alle Teile mit einer Laub-, Dekupier- oder Stichsäge aus. Die Flügel sägen Sie jeweils zweimal aus 4 mm starkem Sperrholz aus. Glätten Sie alle sägerauen Kanten mit Schleifpapier oder einer feinen Rundfeile.

2. Verleimen Sie die Teile mit Holzleim, pressen Sie sie mit Schraubzwingen zusammen und lassen Sie den Leim trocknen. Fixieren Sie anschließend die Seitenwände zusätzlich mit Holzschrauben oder Drahtstiften. Die Flügel befestigen Sie ebenfalls mit etwas Holzleim und einigen Drahtstiften an den Körpern der beiden kleineren Piepmätze.

3. Bemalen Sie den Kasten sowie die Piepmätze gemäß Foto oder nach Belieben. Lassen Sie die Farbe gut trocknen. Die feinen Konturen der Augen und des Schnabels sowie die Punkte auf dem Gefieder werden mit Lackstift aufgezeichnet. Um die Beschriftung auszuführen, verwenden Sie eine Buchstabenschablone.

4. Anschließend versiegeln Sie alle Oberflächen sowie die Innenseiten des Kastens mindestens zweimal mit witterungsbeständigem, transparentem Mattlack. Mit etwas Silberdraht binden Sie kleine Büschel aus Bast für den Haarputz zusammen, die Sie mit Heißkleber an den Köpfen befestigen.

5. Zum Schluss kleiden Sie das Innere des Kastens mit Teichfolie aus, die Sie mit einem Tacker befestigen. Wenn Sie Übertöpfe ohne Loch in den Kasten hineinstellen, können Sie auf das Auskleiden mit Folie verzichten. Den oberen und unteren Rand des Kastens bekleben Sie mit grün kariertem Dekoband.

Material

- *Wasserfest verleimtes Sperrholz, 10 mm stark*
- *Wasserfest verleimtes Sperrholz, 4 mm stark*
- *Marabu-Decormatt Bastelfarbe in Weiß, Mango, Pfirsich, Taubenblau hell, Beige*
- *Marabu-Mattlack*
- *Lackstifte in Schwarz, Weiß und Rosa*
- *Dekoband in Grünweiß kariert*
- *Buchstabenschablone*
- *Weicher Bleistift, Pinsel*
- *Kohlepapier*
- *Kreppband*
- *Schleifpapier*
- *Holzleim*
- *Holzschrauben oder Drahtstifte*
- *Silberdraht*
- *Bast*

- *Teichfolie*
- *Tacker*
- *Laub-, Dekupier- oder Stichsäge*
- *Rundfeile*
- *Seitenschneider*
- *Schraubzwingen*
- *Heißklebepistole*

Zuschnitt Kasten:
- *Seitenteile: 11 x 12 cm (2x)*
- *Vorderteil: 40 x 12 cm*
- *Rückenteil: 40 x 29 cm*
- *Boden: 38 x 12 cm*

Vorlage 5, Bogen C

Mimi und Max

1. Übertragen Sie alle Vorlagen sowie die Bohrmarkierungen auf das Sperrholz und sägen Sie alle Teile mit einer Laub-, Dekupier- oder Stichsäge aus. Glätten Sie alle sägerauen Kanten mit Schleifpapier oder einer feinen Rundfeile.

2. Bohren Sie an den Bohrmarkierungen mit einem 3 mm starken Holzbohrer. Verleimen Sie alle Teile mit Holzleim, pressen Sie sie mit Schraubzwingen zusammen und lassen Sie den Leim trocknen. Fixieren Sie anschließend die Seitenwände zusätzlich mit Holzschrauben oder Drahtstiften.

3. Bemalen Sie die Figuren sowie die Kästen gemäß Foto oder nach Belieben. Lassen Sie die Farbe gut trocknen. Feine Konturen wie Mund, Augen und Nase werden mit Lackstift aufgezeichnet. Das Wangenrot stupfen Sie vorsichtig mit einem rund geschnittenen, feinporigen Schwämmchen auf.

4. Anschließend versiegeln Sie die gesamte Oberfläche mindestens zweimal mit wetterfestem, transparentem Mattlack.

5. Mit einem Seitenschneider knipsen Sie ca. 10 cm lange Stücke vom Blumenbindedraht ab und bringen damit die Arme und Beine am Kasten an. Verknoten Sie die Drahtenden auf der Rückseite und knipsen Sie den Drahtüberstand mit dem Seitenschneider ab.

6. Aus Stoffresten schneiden Sie zwei schmale Streifen zu, die Sie dem Mädchen und dem Jungen als Schal um den Hals binden.

7. Das Innere der Kästen kleiden Sie mit Teichfolie aus, die Sie mit einem Tacker befestigen. Wenn Sie Übertöpfe ohne Loch in die Kästen hineinstellen, können Sie auf das Auskleiden mit der Folie verzichten.

Material

- *Wasserfest verleimtes Sperrholz, 10 mm stark*
- *Marabu-Decormatt Bastelfarbe in Rotwein, Weiß, Hautfarbe, Taubenblau hell, Antikblau*
- *Marabu-Mattlack*
- *Lackstift in Schwarz*
- *Weicher Bleistift, Pinsel*
- *Kohlepapier, Kreppband*
- *Rund geschnittener, feinporiger Schwamm*
- *Schleifpapier, Stoffreste*
- *Holzleim*
- *Holzschrauben oder Drahtstifte*
- *Teichfolie, Tacker*
- *Blumenbindedraht, Rundfeile*
- *Laub-, Dekupier- oder Stichsäge*
- *Schraubzwingen, Seitenschneider*
- *Bohrmaschine, Holzbohrer, Ø 3 mm*

Zuschnitt für einen Kasten:

- *Seitenteile: 11 x 12 cm (2x)*
- *Vorderteil: 16 x 16 cm*
- *Rückenteil: 16 x 31 cm*
- *Boden: 11 x 14 cm*

Vorlage 6, Bogen B und D

Bunte Blumengrüße

1. Übertragen Sie die Vorlage auf das Sperrholz und sägen Sie alle Teile mit einer Laub- oder Dekupiersäge aus. Glätten Sie alle sägerauen Kanten mit Schleifpapier oder einer feinen Rundfeile.

2. Verleimen Sie alle Teile mit Holzleim, pressen Sie sie mit Schraubzwingen zusammen und lassen Sie den Leim trocknen. Fixieren Sie anschließend die Seitenwände zusätzlich mit Holzschrauben oder Drahtstiften.

3. Bemalen Sie den Kasten gemäß Foto oder nach Ihren eigenen Vorstellungen. Lassen Sie die Farbe gut trocknen. Die weißen Konturen in den Blüten malen Sie anschließend mit einem weißen Lackstift auf. Um die Beschriftung auszuführen, verwenden Sie eine Buchstabenschablone.

4. Nach dem Trocknen versiegeln Sie die gesamte Oberfläche mindestens zweimal mit wetterfestem, transparentem Mattlack.

5. Zum Schluss kleiden Sie das Innere des Kastens mit Teichfolie aus, die Sie mit einem Tacker befestigen. Wenn Sie Übertöpfe ohne Loch in den Kasten hineinstellen, können Sie auf das Auskleiden mit Folie verzichten. Den oberen Rand des Kastens bekleben Sie mit grün kariertem Dekoband.

Material

- *Wasserfest verleimtes Sperrholz, 10 mm stark*
- *Marabu-Decormatt Bastelfarbe in Weiß, Mittelgelb, Orange, Altrosa, Türkisblau dkl., Antikgrün*
- *Marabu-Mattlack*
- *Lackstift in Weiß*
- *Weicher Bleistift, Pinsel*
- *Kohlepapier*
- *Kreppband*
- *Dekoband in Grünweiß kariert*
- *Schleifpapier*
- *Holzleim*

- *Holzschrauben oder Drahtstifte*
- *Buchstabenschablone*
- *Teichfolie, Tacker*
- *Laub- oder Dekupiersäge*
- *Rundfeile*
- *Schraubzwingen*

Zuschnitt Kasten:

- *Seitenteile: 11 x 12 cm (2x)*
- *Vorderteil: 40 x 12 cm*
- *Rückenteil: 40 x 32 cm*
- *Boden: 38 x 12 cm*

Vorlage 7, Bogen D

Frühlingsgefühle

1. Übertragen Sie die Vorlagen und Bohrmarkierungen auf das Sperrholz und sägen Sie die Teile aus. Den Gänsefuß sägen Sie sechsmal aus. Glätten Sie alle sägerauen Kanten mit Schleifpapier. Die Rundstäbe sägen Sie auf eine Länge von jeweils 10 cm zu.

2. Bohren Sie an den Bohrmarkierungen mit einem 3 mm starken Holzbohrer. An den Markierungen in den Gänsefüßen bohren Sie mit einem 6 mm starken Holzbohrer.

3. Verleimen Sie alle Teile mit Holzleim, pressen Sie sie mit Schraubzwingen zusammen und lassen Sie den Leim trocknen. Fixieren Sie anschließend die Seitenwände mit Holzschrauben oder Drahtstiften.

4. Die Rundstäbe befestigen Sie mit Holzleim in den Bohrlöchern der Füße. Mit einem 2 mm starken Holzbohrer durchbohren Sie die Stäbe mittig ca. 3 mm unterhalb der oberen Kante.

5. Bemalen Sie den Kasten sowie Arme und Beine gemäß Foto oder nach Belieben. Für die Beschriftung verwenden Sie eine Buchstabenschablone. Versiegeln Sie alle Oberflächen mindestens zweimal mit wetterfestem, transparentem Mattlack.

6. Knipsen Sie ca. 10 cm lange Stücke vom Blumenbindedraht ab und befestigen Sie Beine und Arme damit am Kasten. Verknoten Sie die Drahtenden auf der Rückseite und knipsen Sie den Überstand ab. Aus Stoffresten entstehen zwei Schals für die Gänseriche.

7. Das Innere des Kastens kleiden Sie mit Teichfolie aus, die Sie mit einem Tacker befestigen. Den Strohhut kleben Sie zum Schluss an den Kopf der Gans.

Material

- *Wasserfest verleimtes Sperrholz, 10 mm stark*
- *Holzrundstab Buche, Ø 6 mm*
- *Marabu-Decormatt Bastelfarbe in Weiß, Orange, Altrosa, Taubenblau hell, Antikblau, Antikgrün*
- *Marabu-Mattlack*
- *Lackstifte in Schwarz und Weiß*
- *Weicher Bleistift, Pinsel*
- *Kohlepapier*
- *Kreppband*
- *Schleifpapier*
- *Stoffreste*
- *Holzleim*
- *Holzschrauben oder Drahtstifte*
- *Buchstabenschablone*
- *Mini-Strohhut*

- *Teichfolie, Tacker*
- *Laub- oder Dekupiersäge*
- *Rundfeile*
- *Schraubzwingen*
- *Seitenschneider*
- *Heißklebepistole*
- *Bohrmaschine*
- *Holzbohrer, Ø 2 mm, 3 mm und 6 mm*

Zuschnitt Kasten:

- *Seitenteile: 11 x 12 cm (2x)*
- *Vorderteil: 40 x 16 cm*
- *Rückenteil: 40 x 35 cm*
- *Boden: 38 x 12 cm*

Vorlage 8, Bogen C

Kräuterhuhn

1. Übertragen Sie die Vorlage auf das Sperrholz und sägen Sie alle Teile mit einer Laub- oder Dekupiersäge aus. Glätten Sie alle sägerauen Kanten mit Schleifpapier oder einer feinen Rundfeile.

2. Verleimen Sie alle Teile mit Holzleim, pressen Sie sie mit Schraubzwingen zusammen und lassen Sie den Leim trocknen. Fixieren Sie anschließend die Seitenwände zusätzlich mit Holzschrauben oder Drahtstiften.

3. Bemalen Sie den Kasten gemäß Foto oder nach Ihren eigenen Vorstellungen. Lassen Sie die Farbe gut trocknen. Die feinen Konturen der Augen und die weißen Punkte malen Sie mit Lackstiften auf. Die Beschriftung führen Sie von Hand mit einem dunkelgrünen Lackstift aus.

4. Nach dem Trocknen versiegeln Sie die gesamte Oberfläche mindestens zweimal mit wetterfestem, transparentem Mattlack.

5. Zum Schluss kleiden Sie das Innere des Kastens mit Teichfolie aus, die Sie mit einem Tacker befestigen.

6. Die obere und untere Kante des Kastens bekleben Sie mit einem grünweiß karierten Dekoband und befestigen dieses ebenfalls mit dem Tacker auf der Rückseite. Einen besonderen Akzent setzt ein rotweiß kariertes Band, das Sie zur Schleife binden und über das grünweiß karierte Band an der oberen Kante legen.

Material

- *Wasserfest verleimtes Sperrholz, 10 mm stark*
- *Marabu-Decormatt Bastelfarbe in Weiß, Orange, Scharlachrot*
- *Marabu-Mattlack*
- *Lackstifte in Schwarz, Weiß und Grün*
- *Dekoband in Grünweiß und Rotweiß kariert*
- *Weicher Bleistift, Pinsel*
- *Kohlepapier*
- *Kreppband*
- *Schleifpapier*
- *Holzleim*
- *Holzschrauben oder Drahtstifte*

- *Teichfolie*
- *Tacker*
- *Laub- oder Dekupiersäge*
- *Rundfeile*
- *Schraubzwingen*

Zuschnitt Kasten:

- *Seitenteile: 11 x 12 cm (2x)*
- *Vorderteil: 40 x 12 cm*
- *Rückenteil: 40 x 34 cm*
- *Boden: 38 x 12 cm*

Vorlage 9, Bogen A

Sweethearts

1. Übertragen Sie die Vorlage sowie die Bohrmarkierungen auf das Sperrholz und sägen Sie das Herz mit einer Laub- oder Dekupiersäge aus. Glätten Sie alle sägerauen Kanten mit Schleifpapier oder einer feinen Rundfeile.

2. Bohren Sie an den Bohrmarkierungen mit einem 4 mm starken Holzbohrer und glätten Sie eventuell abstehende Splitter mit etwas Schleifpapier.

3. Bemalen Sie das Herz und den Blumentopf gemäß Foto oder nach Ihren eigenen Vorstellungen. Um einen Antiklook zu erreichen, schleifen Sie die Farbe nach dem Trocknen mit etwas Schleifpapier an den Kanten wieder ab.

4. Anschließend versiegeln Sie das Herz mindestens zweimal mit transparentem, wetterfestem Mattlack.

5. Für die Aufhängung verwenden Sie ein 40 cm langes Stück Blumenbindedraht, das Sie an den Enden mit einer Radiozange zu einer Schnecke drehen. Mit einem Tacker fixieren Sie den Draht unterhalb der Herzmitte. Verzieren Sie die Aufhängung mit einigen farblich passenden Dekobändern.

6. Für die Topfaufhängung stecken Sie ein ca. 25 cm langes Stück Blumenbindedraht so durch die Bohrungen, dass der Topf gut gehalten wird. Die Drahtenden befestigen Sie auf der Rückseite mit dem Tacker.

Material

- *Wasserfest verleimtes Sperrholz, 16 mm stark*
- *Marabu-Decormatt Bastelfarbe in Weiß, Mittelgelb, Orange, Purpurrosa*
- *Marabu-Mattlack*
- *Weicher Bleistift, Pinsel*
- *Kohlepapier*
- *Kreppband*
- *Blumenbindedraht, Ø 1,3 mm*
- *Farblich passende Dekobänder*
- *Blumentopf*
- *Schleifpapier*
- *Tacker*

- *Laub- oder Dekupiersäge*
- *Rundfeile*
- *Seitenschneider*
- *Radiozange*
- *Bohrmaschine*
- *Holzbohrer, Ø 4 mm*

Vorlage 10, Bogen D

Lustige Schneemannparade

1. Übertragen Sie die Vorlage auf das Sperrholz und sägen Sie alle Teile mit einer Laub- oder Dekupiersäge aus. Glätten Sie alle sägerauen Kanten mit Schleifpapier oder einer feinen Rundfeile.

2. Verleimen Sie alle Teile mit Holzleim, pressen Sie sie mit Schraubzwingen zusammen und lassen Sie den Leim trocknen. Fixieren Sie anschließend die Seitenwände zusätzlich mit Holzschrauben oder Drahtstiften.

3. Bemalen Sie den Kasten gemäß Foto oder nach Ihren eigenen Vorstellungen. Lassen Sie die Farbe gut trocknen. Feine Konturen wie Augen, Mund, Nase und Knöpfe malen Sie mit dünnem Lackstift auf. Um die Beschriftung auszuführen, verwenden Sie eine Buchstabenschablone. Die Schneekristalle malen Sie ebenfalls mit einer Schablone auf.

4. Nach dem Trocknen versiegeln Sie die gesamte Oberfläche mindestens zweimal mit wetterfestem, transparentem Mattlack. Schneiden Sie kleine, rechteckige Stücke aus Stoff zu und kleben Sie sie mit Heißkleber als Zipfelmützen um die Köpfe der Schneemänner. Die Öffnung binden Sie mit etwas Nähgarn zusammen. Schmücken Sie alle drei Schneemänner mit einem Stück Dekoband, das Sie als Schal um den Hals legen.

5. Zum Schluss kleiden Sie das Innere des Kastens mit Teichfolie aus, die Sie mit einem Tacker befestigen.

Material

- *Wasserfest verleimtes Sperrholz, 10 mm stark*
- *Marabu-Decormatt Bastelfarbe in Weiß, Taubenblau hell*
- *Marabu-Mattlack*
- *Lackstifte in Schwarz und Orange*
- *Weicher Bleistift, Pinsel*
- *Kohlepapier*
- *Kreppband*
- *Stoffreste*
- *Nähgarn*
- *Farblich passende Dekobänder*
- *Schleifpapier*
- *Holzleim*
- *Holzschrauben oder Drahtstifte*

- *Schablone mit Schneekristallen*
- *Buchstabenschablone*
- *Teichfolie, Tacker*
- *Laub- oder Dekupiersäge*
- *Rundfeile*
- *Schraubzwingen*
- *Heißklebepistole*

Zuschnitt Kasten:

- *Seitenteile: 11 x 12 cm (2x)*
- *Vorderteil: 40 x 12 cm*
- *Rückenteil: 40 x 37 cm*
- *Boden: 38 x 12 cm*

Vorlage 11, Bogen D

Impressum

Entwürfe und Realisation: Susanne Helmold
Lektorat: Eva Hauck
Fotos: Markus Hertrich
Styling: Susanne Helmold
Umschlaggestaltung: Stefan Hagen
Layout und Produktion: buchkonzept@web.de
Druck und Verarbeitung: J. P. Himmer, Augsburg

ISBN 3-89858-371-6

Herstellerverzeichnis

Farben und Lacke:
Marabuwerke GmbH & Co.
Asperger Str. 4
71732 Tamm

Holzzuschnitte:
Die Rohlinge für die Kästen „Meister Lampe und Gemahlin" und „Piepmätze" können Sie als Bausatz zum Selberbemalen fertig zugesägt mit Schrauben (ohne Farben und Draht) bestellen bei:

Göttinger Werkstätten GmbH
Elliehäuserweg 20
37079 Göttingen
Tel: 0551/50 65 250
Fax: 0551/50 65 200
e-mail: laden@goettingerwerkstätten.de

Hobby- und Bastelbedarf:
Rayher Hobby über Hobby- und Bastelfachhandel

Farbauswahl **Marabu-Decormatt**

222 Vanille	020 Zitron	221 Mango	021 Mittelgelb	224 Pfirsich	013 Orange	038 Zinnoberrot hell	031 Scharlachrot
032 Karminrot	043 Rotwein	029 Hautfarbe	231 Wildrose	237 Zartrosa	238 Altrosa	002 Purpurrosa	050 Violett rötl.
051 Violett dkl.	089 Krokus	235 Flieder	291 Arktis	292 Zartblau	095 Azurblau	052 Mittelblau	055 Ultramarinblau dkl.
053 Dunkelblau	260 Taubenblau, hell	059 Bayrischblau	259 Antikblau	099 Türkisblau dkl.	262 Zarttürkis	097 Blaugrün	066 Gelbgrün
276 Schilf	065 Olivgrün	075 Tannengrün	277 Mistel	266 Antikgrün	247 Beige	245 Milchkaffee	028 Gelbocker
040 Mittelbraun	045 Dunkelbraun	278 Hellgrau	271 Elfenbein	070 Weiß	073 Schwarz		
733 Metallic-Rosa	750 Metallic-Violett	752 Metallic-Blau	767 Metallic-Grün	772 Metallic-Anthrazit	782 Metallic-Silber	784 Metallic-Gold	787 Metallic-Kupfer